ABDÉLAZIZ ET ALAHOR

OU

Les Arabes en Espagne

DRAME EN 3 ACTES

Par Charles ROUSSEL,

Inspecteur honoraire d'Académie.

Représenté, pour la première fois, sur le théâtre de Nimes, le 18 Avril 1858.

NIMES
DE L'IMPRIMERIE SOUSTELLE,
BOULEVART SAINT-ANTOINE, 9.

1858.

ABDÉLAZIZ ET ALAHOR

OU

Les Arabes en Espagne

DRAME EN 3 ACTES

Par CHARLES ROUSSEL,

Inspecteur honoraire d'Académie.

Représenté, pour la première fois, sur le théâtre de Nimes, le 18 Avril 1858.

NIMES

DE L'IMPRIMERIE SOUSTELLE,

BOULEVART SAINT-ANTOINE, 9.

1858.

ERRATA.

Page 4 8º ligne, lisez : *Nosaïr*, au lieu de *Nozaïr*.
— 4 21º — enlevez *de* répété.
— 6 dernière ligne, lisez : de l'*historien*, et non de l'*histoire*.
— 24 2º ligne, lisez : de *la Reine*, et non de *la Reine*.
— 32 8º — *Soulever*, avec une majuscule.
— 39 15º — lisez : *orgueil*, et non *Orguel*.
— 42 19º — lisez : *enlevé*, et non *enlevée*.
— 52 4º — lisez : *Que je ferais*, et non *ferai*.
— 53 3º — lisez : *Ah !* et non *A*.
— 57 6º — Après les mots : *Je lui annoncerai moi-même*, ajoutez : *et il apprendra, tout-à-la-fois, que j'ai soumis de nouveaux peuples à son obéissance. Serait-il irrité contre moi*, etc.
— 58 21º — lisez : *Mon mariage conclu*.
— 59 9º — lisez : *Holà quelqu'un !* et non *Voilà*.
— 59 11º — Après : *L'officier de service*, il faut un !
— 66 27º — Après : *Ah !* il faut une virgule au lieu d'un !
— 72 14º — lisez : *doive*, et non *doit*.
— 72 23º — lisez : *Je les suis*, et non *je suis*.
— 73 19º — lisez : *Il sort*, et non *Sort*.
— 74 2º — Supprimez le mot *Turc*.

PRÉFACE.

La lecture de quelques pages de l'Histoire d'Espagne, par M. Rosseuw Saint-Hilaire, m'a inspiré le sujet du drame que je présente au public. J'ai cru voir, dans la mort d'Abdélaziz, un sujet intéressant, et pense, qu'entre les mains d'un homme versé dans l'art d'écrire et initié à la science des conceptions de la scène, il pouvait fournir la matière d'une Tragédie. Pour moi, je me suis contenté d'en faire un Drame, bien que je comprenne toute la distance qui sépare ces deux sortes de compositions. Le lecteur verra si cet ouvrage mérite plus que son indulgence ; et je le prie, dans tous les cas, de vouloir bien me l'accorder.

L'Histoire des Arabes, en Espagne, est peu connue du public, en général. Il me semble donc convenable de mettre sous ses yeux un résumé succinct des événements antérieurs à mon Drame et de ceux qui le constituent, ainsi que des modifications que je me suis permis d'apporter à ceux-ci.

D'après une tradition très-répandue, sinon authentique, Rodéric, dernier roi des Goths, fit violence à Florinde, fille du comte Julien. Ce fut pour se venger de cet outrage, que le comte, de concert avec Oppas, archevêque métropolitain de Séville, alors Hispalis, appela en Espagne les Arabes, conquérants de l'Afrique. Ce dernier pays obéissait à Mouza ben Nozaïr, qui y commandait, en qualité d'Emir, pour le Khalife. Thareck, lieutenant de Mouza, envoyé par lui en Espagne, remporta sur les Chrétiens (25 ou 26 juillet 711), la bataille décisive du Guadalète ou de Xérès, dans laquelle périt le roi Rodéric, qui, ayant pris la fuite, et s'étant lancé, avec son bon cheval Orella, dans le fleuve, s'y noya. L'Espagne fut ensuite conquise par Mouza et Thareck ; mais, la mésintelligence s'étant mise entre eux, ils furent rappelés l'un et l'autre. Tareck finit ses jours dans l'obscurité ; mais Mouza, malgré ses grands services et son âge de de soixante-dix ans, fut ignominieusement battu de verges, par l'ordre du Khalife Souleyman, exposé tout un jour au soleil brûlant de Damas, sur la place publique, et condamné à payer une amende énorme, qui le réduisit à la mendicité.

La haine, qui divisait Mouza et Thareck, n'était pas seulement personnelle. Elle tenait aussi à la différence de nationalité entre eux. Mouza était Arabe, et Thareck, Berber ; c'est-à-dire que ce dernier appartenait au peuple qui habitait la lisière septentrionale de l'Afrique, lequel avait été subjugué par les Arabes et converti par eux à la foi de l'Islam, mais qui, tout en combattant sous ses maîtres, n'en conservait pas moins un vif ressentiment à leur égard. Cet aperçu profond appartient à M. Rosseuw Saint-Hilaire : j'en ai fait mon profit.

Mouza, avant de quitter l'Espagne, conféra à son fils Abdélaziz, le titre d'Emir et le gouvernement de l'Espagne, dont celui-ci fixa le siége à Séville. Un autre de ses fils, Abdellolah, fut établi par lui à Tanger, comme Emir du Magreb, et un troisième, Merwan, à Cairwan, centre de la domination arabe en Afrique.

Abdélaziz, illustre par sa valeur, son humanité et sa générosité, avait repris Séville, qui s'était insurgée contre la domination arabe, et avait vaincu, à Lorca, Théodmir, le seul chef chrétien qui, avec le roi Rodéric, eût résisté à l'invasion des Arabes. Loin de le dépouiller, il le laissa en possession d'un petit royaume que Théodmir s'était formé des débris de l'empire goth, et se contenta de lui imposer un tribut. Abdélaziz épousa Egilone, veuve du roi Rodéric, et fut ensuite assassiné par l'ordre du Khalife Souleyman, tandis que nous le représentons comme s'étant donné la mort au moment de son mariage. Nous supposons aussi, contre la vérité des faits, qu'à la reprise de Séville, Abdélaziz avait sauvé de la fureur de ses soldats, Egilone, ainsi que l'archevêque, personnage que nous imaginons très-gratuitement comme ayant succédé au au traître Oppas. Quant à Alahor ben Abdelrahman el Kaïsi, il a réellement succèdé à Abdélaziz, mais non pas immédiatement. Qu'il ait servi en Perse, nous n'en savons rien, quoique nous l'ayons dit. Bien certainement, il n'a pas présidé, sous le costume d'un Santon, à l'assassinat d'Egilone, de laquelle nous ne connaissons pas la destinée. Le traître Irbas est un personnage imaginaire, et nous le chargeons du fait d'avoir abaissé la porte de la salle d'audience d'Abdélaziz, quand il est vrai de dire qu'Abdélaziz lui-même ordonna cette mesure, pour complaire à Egilone qui, se rappelant trop sa royauté passée, voulait que les subordonnés de son nouvel époux courbassent la tête devant lui. Il nous a semblé que ces inventions et ces altérations des faits pouvaient nous être permises, surtout dans une histoire peu connue, et nous espérons qu'on voudra bien ne pas nous considérer comme tenu à garder, dans un Drame, la fidélité scrupuleuse de l'Histoire.

CHARLES ROUSSEL,
Inspecteur honoraire d'Académie

ABDÉLAZIZ ET ALAHOR

ou

LES ARABES EN ESPAGNE,

Drame en 3 actes.

PERSONNAGES DU DRAME.	ACTEURS.
ABDÉLAZIZ (l'Emir), fils du conquérant Mouza, gouverneur de l'Espagne pour le Khalife Souleyman........	MM. Albert
ALAHOR, Chef arabe. (Il porte le costume d'un Santon jusque vers la fin de la dernière scène)............	Butaut
IRBAS, Lieutenant d'Abdélaziz......	Guerrin
Le PONTIFE d'Hispalis, successeur du traître Oppas...................	Eugène
THÉODMIR, Seigneur goth, devenu roi tributaire d'une petite province.....	Maurice
Un SERVITEUR du palais d'Abdélaziz	Agret
Un CAPITAINE berber...........	Duret
CRAGUT, Vétéran arabe...........	Bonnet
Un OFFICIER de service au palais...	Ballivet
Un SOLDAT....................	Castan
EGILONE, Veuve du roi goth Rodéric	Mmes Melchissedec
ZERBINE, suivante d'Egilone.......	Mesnard

Peuple Chrétien, Soldats Musulmans, deux Muets du khalife.

La scène est à Hispalis (Séville) siège du gouvernement de l'Emir Abdélaziz, en 716.

Droits de Représentation, de Reproduction et de Traduction réservés.

ABDÉLAZIZ ET ALAHOR

OU

LES ARABES EN ESPAGNE,

DRAME EN 3 ACTES.

Toutes les indications sont prises de la gauche et de la droite du spectateur. — Les personnages sont inscrits en tête des scènes, dans l'ordre qu'ils occupent au théâtre. Les changements de position sont indiqués par des renvois au bas des pages.

ACTE PREMIER.

Le théâtre représente un appartement du palais d'Abdélaziz. — Porte au fond; porte au deuxième plan de droite, fermée par une riche portière, fauteuils au fond.

SCÈNE I.

IRBAS, un SERVITEUR du palais d'Abdélaziz (*venant du fond.*)

IRBAS.

Sais-tu ce que me veut l'Emir?

LE SERVITEUR.

Non, Seigneur. Seulement, il vous prie de l'attendre dans cet appartement, réservé, vous ne l'ignorez point, pour ses amis intimes.

IRBAS.

Que fait-il maintenant?

LE SERVITEUR.

Il est à écrire dans son cabinet. Il répond, je le présume, aux dépêches que vous lui avez remises, hier soir, au moment de son arrivée.

IRBAS.

Qui a-t-il reçu, depuis hier?

LE SERVITEUR.

Les Walis et les chefs sont venus le visiter, il y a environ une heure.

IRBAS.

Nulle autre personne ne s'est présentée?

LE SERVITEUR.

Non, Seigneur.

IRBAS.

C'est bien. Laisse-moi. *(Le Serviteur sort par la porte du fond.)*

SCÈNE II.

IRBAS *(seul)*.

Allons, il n'y a pas sujet de s'alarmer. Ce n'est rien que d'ordinaire, à coup sûr. J'appréhende, malgré toutes mes précautions; et pourtant, d'où peut venir le péril? Oh! j'ai bien pris mes mesures. L'Emir a en moi une confiance entière, et, puisque c'est moi qu'il a chargé du soin de lui remettre ses dépêches, si quelque lettre lui venait de Damas, celle-là n'irait pas à son adresse. Mais, pour moi non plus, point de nouvelles de Damas, et Zéid n'est pas de retour, et voilà bientôt cinq mois d'écoulés. Lui serait-il arrivé quelque accident, ou dois-je me méfier même d'un serviteur intelligent et, jusqu'ici, fidèle ? Pourquoi pas ? L'intérêt n'est-il pas le Dieu qu'adorent tous les hommes ? Et, s'il trouve plus d'avantage à me trahir qu'à m'être utile..... Non, c'est impossible. Ce sera quelque négligence du Khalife ou de son Visir. Pourtant, la chose demande une solution prompte et un remède efficace, surtout de la manière que je l'ai présentée. Qu'une réponse tarde à mon impatience ! C'est qu'il y va de ma fortune; que dis-je? de ma vie. Si Abdélaziz est maintenu, je suis coupable, pour l'avoir dénoncé, et alors, il faut que ma tête tombe. Mais comment se disculperait-il, quand il ne sait pas s'il est accusé, et n'ai-je pas pour moi cette passion aveugle, qui doit infailliblement le perdre? Non, non; l'orgueilleux Arabe succombera, comme son père a succombé, et j'obtiendrai ce commandement suprême, l'objet de tous mes vœux, pour lequel je donnerais volontiers ma vie, pourvu qu'il me soit permis d'en jouir quelques instants. En attendant, continuons à nous tenir sur nos gardes, et observons l'Emir ; car Abdélaziz ne sait pas dissimuler, et, si jamais quelque chose venait à ses oreilles, son visage, avant sa bouche, m'en instruirait. (*Le Serviteur entre du fond.*)

SCÈNE III.

Le SERVITEUR, IRBAS, puis le SANTON.

LE SERVITEUR.

Seigneur, un étranger demande à vous entretenir à l'instant, pour une affaire urgente.

IRBAS.

Moi! ici! Qu'est-ce que cet étranger?

LE SERVITEUR.

Un Santon.

IRBAS.

Quelqu'un de ces mendiants qui suivent les armées, comme les vautours, pour s'engraisser de la proie qu'ils n'ont pas abattue. (*Pendant ces dernières paroles le Santon a paru à la porte du fond et s'est placé à gauche.*) Dis-lui que je suis occupé d'affaires importantes, et que je n'ai point d'aumônes à lui faire.

LE SANTON. (*Il descend en scène*.*)

Aussi, Seigneur, n'est-ce pas là ce que j'ai à vous demander.

IRBAS (*le regardant avec mépris.*)

Tu es bien audacieux, d'entrer ici sans ordre. Mais, si tu n'es pas dans le besoin, que me veux-tu ?

LE SANTON.

Seigneur, ne vous trouvant point dans votre demeure, et informé que vous êtes au palais, j'ai osé y pénétrer. Vous disiez vrai, Seigneur ; vous avez à traiter des affaires importantes. C'est de l'une d'elles que je désire vous parler ; celle de Damas.

IRBAS (*vivement.*)

Tais-toi, misérable ! (*Au Serviteur.*) Tu peux aller à tes occupations. (*Le Serviteur sort par le fond.*)

* Le Santon, Irbas, le Serviteur.

LE SANTON.

Moi aussi, j'ai quelque intérêt dans cette affaire, et je désirerais être présenté par vous à l'Emir, au plus tôt.

IRBAS.

Toi ! Je ne sais de quelle affaire tu parles ? Toi, être présenté à l'Emir, et par moi, encore ! Sais-tu bien qu'entretenir l'homme qui ne vient qu'après lui est un honneur au-dessus de ton rang et de ton mérite ?

LE SANTON.

Ma condition est obscure, j'en conviens ; j'ai néanmoins quelques relations avec certains personnages assez considérables, et vous en jugerez peut-être comme-moi, si vous voulez-bien jeter les yeux sur cet écrit. *(Il lui présente une lettre.)*

IRBAS *(haussant les épaules.)*

Donne. — Que vois-je, grand Dieu ! Ma lettre ! Qui te l'a donnée ? Où l'as-tu prise ? C'est faux. C'est une infâme imposture. Il n'y a pas un mot de vrai dans cet écrit. Malheureux, tu es venu te jeter dans la gueule du lion. Cet écrit, voilà ce que j'en fais. *(Passe à gauche*. Il commence à le déchirer. Puis s'arrêtant.)* Non, je le brûlerai. *(Il le met dans son sein.)* Et toi, le supplice me vengera de ton audacieuse fourberie. Tu n'attendras pas longtemps.

LE SANTON.

Daignez faire attention, Seigneur, que ce n'est ici qu'une copie de votre lettre, contresignée, il est vrai, par le Visir. *(Irbas tire la*

* Irbas, le Santon.

lettre de son sein, y jette les yeux, puis la renferme.) Une autre, toute semblable, est, ou plutôt était il y a quelques instants en mon pouvoir. Je l'ai confiée, toute fermée, à un homme sûr, chargé de la remettre à Abdélaziz, si, contre vos habitudes, vous veniez à montrer peu de bienveillance pour un pauvre serviteur d'Allah. Vous savez qu'Abdélaziz ne refuse aucun placet, et qu'il a l'habitude de les lire tous, lui-même. Si, dans deux heures, je n'ai pas rejoint mon compagnon, la lettre sera sous les yeux d'Abdélaziz.

IRBAS.

Que je reconnais bien la prudence d'un serviteur d'Allah ! Vénérable Santon, la renommée a pu vous apprendre quel est mon respect pour la religion de l'Islam et pour ses saints ministres. Mais nous autres, hommes d'action et d'affaires, nous n'avons pas toujours toute la liberté d'esprit désirable, preoccupés que nous sommes de mille soins différents. Quelquefois, un peu de brusquerie militaire, de notre part, pourrait être mal interprétée. Je suppose que votre perspicacité ne s'y est pas trompée. Me voilà prêt à faire tout ce qui peut vous convenir. Seulement, permettez-moi quelques questions: Si ma lettre est parvenue au Khalife, tout au moins au Visir, qu'en pense-t-il, et comment une double copie est-elle tombée entre vos mains ?

LE SANTON.

C'est un secret qui ne m'appartient pas. Qu'il vous suffise de savoir que j'ai juré solennellement par la tête du Prophète (et je vous renouvelle le même serment), à moins que ma vie ne soit en danger, de ne montrer la lettre qu'à vous seul.

IRBAS.

Point à Abdélaziz ?

LE SANTON.

Point à Abdélaziz.

IRBAS.

Ni à aucun autre ?

LE SANTON.

Ni à aucun autre. Cet écrit était destiné seulement à me donner créance auprès de vous, et à vous prouver que je mérite votre confiance. Outre ma sûreté, il est encore une autre condition à mon silence. Vous me ménagerez une entrevue avec l'Emir, et me donnerez avec la plus grande loyauté, tous les renseignements, qui sont en votre pouvoir, sur la ligne de conduite qu'il a tenue, et sur l'etat des choses survenues depuis que vous avez écrit.

IRBAS.

Vos désirs seront satisfaits. Mais ne pourrais-je savoir ce que vous avez à communiquer à l'Emir? Serait ce encore un secret ?

LE SANTON.

Non : seulement ce serait trop long à dire, et, loin de m'y opposer, je souhaite que vous assistiez vous-même à notre entretien.

IRBAS.

Si toutefois il y avait de l'indiscrétion....

LE SANTON.

Nullement, je vous le répète. Du reste, bannissez toute appréhension, et songez que, s'il entrait dans mes projets de vous nuire auprès d'Abdélaziz, je n'avais point à m'adresser à vous et il ne m'était pas impossible de rencontrer quelque autre moyen de parvenir jusqu'à lui.

IRBAS.

Toutes vos paroles, vénérable Santon, sont inspirées par la sagesse. C'est à cette même sagesse que je fais appel, pour vous soumettre mes actes, et vous donner les renseignements qui peuvent vous être utiles ; car, si vous avez des secrets pour moi, (et je les respecte), je prétends n'en avoir aucun pour vous. Vous avez pu juger par ma lettre, quelle est ici la position de l'Islam. Vainqueurs, comme toujours, nous risquons de voir notre triomphe compromis, que dis-je? perdu, par la faiblesse d'un grand homme. Abdélaziz, mon chef et mon ami, est vaillant; malheureusement, une passion funeste s'est emparée de lui : l'astucieuse Egilone a pris un tel ascendant sur sa personne, qu'il veut l'épouser ; et il ne lui impose pas seulement la condition d'embrasser la foi du Prophète. Loin de là, lui-même consentira à se faire chrétien. Où le conduira cette apostasie? Il est facile de le comprendre. Déjà, par une condescendance coupable, il a concédé au Goth Théodmir un royaume indépendant, sous une redevance illusoire : et ce Roi improvisé, s'il est un danger pour nous, est un appui pour Abdélaziz. D'ailleurs, l'Emir n'a point oublié le traitement infligé à son père, et il s'apprête à le venger et à profiter de l'imprudence qui a été commise, alors qu'en frappant Mouza on a laissé l'Espagne, le Magreb, et

Cairwan au pouvoir de ses fils. Ainsi, appuyé sur ses deux frères, allié de Théodmir, assuré des autres chrétiens par son mariage avec la veuve de Rodéric, de laquelle il embrassera le culte, fort de son ascendant sur l'armée, qu'il a fascinée en partie, Abdélaziz lèvera l'étendard de la révolte, et arrachera au Khalife trois provinces, qui ne seront jamais plus recouvrées. En présence de ce danger immense, moi, l'ami de l'Emir, j'ai cru devoir davantage à la religion et au Khalife. J'ai dévoilé le complot : et comme je sais combien, dans une crise de cette nature, il est difficile d'avoir sous la main un homme sûr et dévoué, j'ai offert mes services pour conduire l'armée et la province. Je me flatte que le Khalife reconnaîtra mon dévoûment et ne me confondra pas avec un ambitieux égoïste. Et vous, saint homme de Dieu, que pensez-vous de ma conduite? Devais-je sacrifier à l'amitié la Religion et la Patrie ?

LE SANTON.

L'intérêt de l'État et la fidélité au prince, doivent passer avant toutes les affections privées.

IRBAS.

J'étais sûr de votre réponse, et je vous en remercie. Et ma candidature, qu'en dites-vous ? Allah me préserve d'y voir aucun avantage personnel ! Mais ce sacrifice de ma tranquillité que je consens à faire, en me chargeant d'un pesant fardeau, ne vous semble-t-il pas ce qu'il peut y avoir de plus utile en ce moment? Où trouver un chef qui, lieutenant de son prédécesseur, et, en cette qualité, apprécié de toute l'armée, puisse compter, comme moi, sur le dévoûment particulier des Berbers, mes compatriotes ? J'ai versé mon sang pour la défense de l'Islam, et, sans parler de Mouza et d'Abdélaziz lui-même, nos chefs les plus illustres, Thareck, Alahor, et plusieurs autres, m'honorent de leur estime.

LE SANTON.

Vous avez été blessé en plusieurs rencontres?

IRBAS.

Si, grâce à ma foi, les anges ont écarté de moi les coups de l'ennemi, j'étais aux lieux où volaient les dards et les flèches, où se croisaient les lames et les cimeterres.

LE SANTON.

Vous connaissez Alahor?

IRBAS.

Oui, quoique nous n'ayons pas servi ensemble.

LE SANTON.

Je voudrais bien savoir ce qu'il en est de lui.

IRBAS.

C'est un homme méfiant, austère, et même dur; juste néanmoins, et bon soldat; un homme d'une haute stature, d'une force et d'une vigueur peu communes; du moins on me l'a dit.

LE SANTON.

On vous l'a dit!

IRBAS.

On me l'a dit avant que je ne le connusse, et, quand je l'ai connu, j'ai vu qu'il en est ainsi.

Alahor m'accorde une estime particulière, et il a bien voulu m'en assurer.

LE SANTON.

(*A part.*) Audacieux imposteur ! (*Haut.*) Eh bien, Seigneur, il n'est point possible que le Khalife n'examine avec soin et ne pèse vos titres à l'Emirat, et, s'il vous l'offre, j'estime que vous ferez bien d'accepter.

IRBAS.

J'y suis résolu.

LE SANTON.

Toutefois, il me semble nécessaire de faire quelques tentatives auprès d'Abdélaziz. Un homme comme lui en vaut bien la peine, et ses services passés le recommandent à l'affection du Chef des Croyants et de tous les bons Musulmans.

IRBAS.

Aussi n'y ai-je pas manqué, et mon amitié s'est épuisée en conseils et en remontrances, hélas ! toujours vaines. Si vous venez à lui dans ce but, essayez. Je suis bien éloigné d'y apporter le moindre obstacle. Je vous aiderai, au contraire, de tout mon pouvoir.

LE SANTON.

Ainsi, vous êtes assuré qu'Abdélaziz a formé un complot avec le Goth Théodmir?

IRBAS.

Ce ne peut être gratuitement qu'il lui a concédé un royaume.

LE SANTON.

Qu'il veut se faire chrétien ?

IRBAS.

Je vous ai dit que la main d'Egilone est le bien suprême auquel il aspire, auquel il sacrifiera tout. Or, je connais l'obstination invincible des chrétiens. Vaincus, ils ne font aucune concession à leurs vainqueurs. Ce sont eux, au contraire, qui prétendent nous imposer des lois. Egilone, qu'elle aime ou non Abdélaziz, ne sera jamais une fille adoptive du Prophète, et je me tiens pour assuré que le Pontife d'Hispalis exigera que l'Emir renie sa foi, ou qu'il renonce à sa maîtresse. Il n'y renoncera pas. Après une absence de cinq jours, à l'effet de tout disposer pour la marche de l'armée, Abdélaziz vient de rentrer ici. C'est que l'armée s'impatiente et murmure de voir le cours de ses victoires, interrompu par une femme chrétienne, et Abdélaziz ne veut partir qu'après son mariage. Au reste, Abdélaziz m'a fait appeler, je ne sais pour quel motif. Demeurez avec moi : je vais profiter de cette circonstance, pour vous présenter. Voici l'Emir. *(Abdélaziz entre par la porte du second plan de droite.)*

SCÈNE IV.

Le SANTON, ABDÉLAZIZ, IRBAS.

ABDÉLAZIZ.

Salut, cher Irbas.

IRBAS.

(A part.) Il ne sait rien.

ABDÉLAZIZ.

La bénédiction d'Allah soit sur votre tête, vénérable Santon. (*A Irbas.*) Sais-tu bien, mon cher Irbas, que j'ai un reproche à te faire?

IRBAS.

A moi, Seigneur !

ABDÉLAZIZ.

A toi-même, et je ne t'ai pas mandé pour un autre motif. Ton amitié ne sait pas se modérer ; aussi va-t-elle jusqu'à me compromettre. Tu veux que mes compagnons baissent la tête en m'abordant, comme si je n'avais pas assez de leur affection pour ma personne et de leur obéissance à l'égard de mon rang. Ces marques de respect servile ne conviennent ni à eux ni à moi. Et voilà que, malgré mon refus formel, tu as profité de mon absence, pour exécuter un dessein que je repoussais. Tout-à-l'heure, quand nos Walis et nos chefs sont venus me saluer et recevoir mes ordres, m'apercevant que chacun d'eux baissait la tête en entrant, j'ai remarqué à quoi tenait cette attitude insolite. La porte de la salle d'audience a été abaissée, et j'ai appris que c'est par ton ordre. Ce stratagème ridicule m'a fait monter la rougeur au front, et il n'a pu que déplaire à mes officiers, si je juge d'eux par moi-même. Que demain les choses soient rétablies dans leur premier état, ou plutôt, n'y songeons plus, et va faire sur-le-champ tes préparatifs de départ ; car demain, au plus tard, je quitte ce palais. Aujourd'hui, j'espère conclure mon mariage avec Egilone et, immédiatement après, nous entrons en campagne.

IRBAS.

Seigneur, j'éprouve un mortel regret de vous avoir déplu. J'espère cependant que vous ne vous méprenez pas sur le motif de mon entreprise, un peu hardie, je l'avoue.

ABDÉLAZIZ.

Je t'ai dit que je crois à ton amitié. Toutefois, ce n'est pas une raison suffisante.

IRBAS.

J'aurai encore la hardiesse de prétendre le contraire. Un ami doit aimer son ami autant que lui-même, et prendre soin de la dignité de celui-ci, plus que de la sienne propre. S'il vous convient d'oublier votre rang et le respect qui vous est dû, c'est à nous à nous en souvenir, et j'ose dire que cela me regarde d'une manière particulière. J'ai fait violence, il est vrai, à votre modestie, mais vous n'aurez pas lieu de vous en repentir : j'en réponds sur ma tête. Avez-vous vu quelqu'un de vos officiers marquer du mécontentement, en inclinant la tête devant le vainqueur d'Hispalis et de Lorca, devant le chef vaillant et bon que le Khalife nous a donné ?..... (*Après une pause.*) Vous ne répondez pas, Seigneur, et je comprends votre silence. Ah! croyez-en l'assurance que je vous donne. C'est que leurs cœurs étaient d'accord avec leur attitude; et s'il fallait juger des autres par soi-même, je suis en état de vous garantir les dispositions de mes compagnons. Qu'il vous suffise de savoir que je compte bien trouver mon avantage dans ce que j'ai fait. Je m'en vanterai, et n'exciterai chez vos officiers d'autre sentiment que le regret de m'avoir laissé prendre une initiative que chacun d'eux voudrait me disputer.

ABDÉLAZIZ.

Je ne me rends point, Irbas. Les choses sont comme tu le dis, je n'en doute point : eh! bien, je persiste et blâme tous nos Walis et nos chefs avec toi. Jugez-nous, vénérable Santon. Vous êtes neutre dans la question et impartial, quand Irbas ne l'est pas et ne peut l'être.

LE SANTON.

Seigneur, puisque vous voulez connaître le sentiment d'un homme obscur, nullement versé dans les affaires humaines, je dois déclarer que je vous donne gain de cause, et il me semble que des hommes libres et des soldats doivent, tout en respectant leurs chefs, ne pas abdiquer le respect d'eux-mêmes. La religion aussi me semble souffrir de cette disproportion entre ceux qui, s'ils sont placés à des degrés divers dans la hiérarchie, n'en sont pas moins égaux devant Allah et le Prophète. Je n'en demeure pas moins émerveillé de la tendre, de l'excessive amitié d'Irbas, pour votre personne. (*Théodmir entre par la porte du fond sur les derniers mots du Santon.*)

SCÈNE V.

Le SANTON, THEODMIR, ABDELAZIZ, IRBAS.

ABDÉLAZIZ.

Te voilà, brave Théodmir. Je t'attendais avec impatience. Eh! bien, que me rapportes-tu? Egilone consent-elle enfin à combler mes vœux? Tu sais que le temps presse. Je ne puis plus contenir la juste impatience de mes soldats, et un plus long retard serait une trahison envers mon devoir. Mais partir sans être l'époux d'Egilone! Ah! tu ne sais pas, toi, ce que c'est que l'amour. Ton noble cœur n'a jamais battu que pour la gloire. Je suis injuste : il bat aussi pour l'amitié. Oui, tu as pitié des tourments de ton frère d'armes, et tu as employé toute ton influence sur l'esprit de la Reine.

THÉODMIR.

Seigneur, Egilone ne repousse point votre alliance. Son respect pour la mémoire de son époux, je lui ai montré qu'il était excessif, et elle a fini par m'entendre. Elle ne croit point déroger, en descendant du thrône pour partager la couche d'un Emir. Mais ses scrupules, à prendre pour époux un ennemi de notre religion, sont plus difficiles à vaincre, et ce soin, un soldat n'est guère propre à s'en acquitter. Cet ennemi, elle le sait, est juste, humain, généreux, et il a donné, à moi, un thrône, à elle, il lui a sauvé la vie. J'ai prié notre saint Pontife d'employer son crédit auprès d'elle. Il sera plus efficace que le mien ; et vous devez vous rappeler que, lui aussi, vous l'avez arraché des mains qui allaient l'égorger.

ABDÉLAZIZ.

Chrétiens, que vous êtes cruels et indomptables, et que vous vous plaisez à me torturer ! Pourquoi me faites-vous un crime de ma foi, quand je vous laisse la vôtre ? La croyance d'un homme ne dépend pas de sa volonté. Je me le suis dit pour vous ; laissez-moi vous le dire pour moi-même. Si Egilone me refuse, il ne me reste plus qu'à mourir. Mais cette mort, toute affreuse qu'elle est, je la préfère à l'apostasie. Moi, renier la foi de mon père et la mienne ! Moi, renoncer au Prophète, quand je crois à ses vertus, à ses miracles bien supérieurs à ceux de votre Christ, que je ne refuse point cependant d'honorer ! Non, jamais. Egilone elle-même, ce cœur si noble et si pur, ne voudrait pas d'un rénégat, d'un homme qu'elle aurait le droit de mépriser, dès l'instant qu'il aurait sacrifié son honneur pour l'obtenir, et que sa bouche aurait consenti à dire ce que sa conscience désavoue. Egilone, je t'aime, mais je ne t'achetterai jamais à ce prix. Non, ce n'est pas là le motif qui arrête Egilone, et je ne le connais que trop. Elle me hait ; et pourtant, qu'ai-je fait pour mériter sa haine ?

THÉODMIR.

Seigneur, Egilone ne vous hait point, et je suis loin de croire qu'elle ne se laissera pas fléchir. Je retourne auprès de notre Pontife. Je réussirai à persuader lui, et par lui Egilone. Un mot de sa bouche, et je vole vous en instruire.

ABDÉLAZIZ.

Va, cher ami, et que cet hymen se conclue aujourd'hui. Sinon, que je meure. (*Théodmir sort par la porte du fond.*)

SCÈNE VI.

Le SANTON, ABDELAZIZ, IRBAS.

LE SANTON.

Ainsi, Seigneur, vous êtes résolu à donner votre nom à une femme chrétienne. Vous avez deviné cependant les conditions, qu'à la vérité on n'ose pas avouer, mais qu'on impose tacitement à qui a le droit et le pouvoir d'en prescrire. Votre détermination (ne vous offensez pas de mon zèle) afflige vos amis, et, bien qu'encore inconnu de vous, permettez-moi de me compter parmi ce nombre. Un autre plus grand et meilleur que moi, s'est ému de cette nouvelle ; car le bruit de ce qui passe ici a retenti jusque dans l'Hedjaz, et je vous apporte une lettre d'un Mollah, auquel vous vous êtes complu autrefois à donner le nom de père. (*Il lui présente une lettre.*)

ABDÉLAZIZ (*vivement.*)

C'est Ibrahim. (*Prenant la lettre.*) Que son souvenir est cher à mon cœur! (*Lisant.*) « Le »bruit de ta gloire, mon cher fils, est venu jus- »qu'à moi. Dans ma retraite, j'ai béni Allah, »qui t'a élevé parmi les hommes, et t'a consti- »tué le boulevard de l'Islam, en Espagne. Je »rends grâce à Allah des excellentes qualités »dont il t'a revêtu, car tout nous vient de sa main, »et le prie de te les conserver intactes. Peut-être »me sera-t-il compté à moi-même d'en avoir dé- »veloppé, avec amour, le germe dans ton sein. »Dans le haut rang que tu occupes, tiens-toi sur »tes gardes, car l'antique ennemi du genre hu- »main rôde toujours autour du vrai croyant, et »ceux que, comme toi, il ne peut abattre, il »cherche à les séduire. On me dit que tu aurais »l'intention de t'allier à une femme chrétienne. »Ah! je t'en conjure, ne le fais pas. Ne méprise »pas ta nation, au point de croire qu'il n'est pas, »dans son sein, de femme plus digne de ton cœur »qu'une polythéiste étrangère. La femme, tu le »sais, mon cher fils, c'est en elle que, depuis »l'origine du monde, le serpent a toujours trouvé »son plus puissant allié. Les femmes de l'Occi- »dent, par dessus les autres, puisent, dans la »liberté dont elles jouissent, une astuce particu- »lière. Après que ta chrétienne t'aura enflammé »par des refus calculés, elle te réduira où elle »voudra. Je tremble pour ta foi, pour ton atta- »chement à ton pays. Ah! ne fais pas cet outrage »à ton honneur. N'appelle pas sur mes cheveux »blancs les malédictions des hommes et les châti- »ments d'Allah. Tu te crois fort, parce que tes »intentions sont pures; mais tu es sur une pente

»glissante, et, sans que tu t'en aperçoives, cha-
»que jour te rapprochera de l'abyme. Crois-en
»mon expérience et mon affection. Abdélaziz, tu
»n'épouseras pas la chrétienne. Honore l'homme
» qui te remettra cette lettre, et suis ses conseils:
»il te dira ce que je voudrais ajouter ici. » (*Reprenant.*) Cher Ibrahim! Oh! non, je ne t'ai pas oublié; mais ton esprit s'égare, abusé par des rapports mensongers. Va, le péril que tu redoutes pour ton fils, n'existe pas. Tu n'auras jamais à rougir de lui. Je serai fidèle à Allah et à toi, à Mahomet et au Khalife.

LE SANTON.

Vous renoncez donc à Egilone?

ABDÉLAZIZ.

Moi! jamais. Je serai l'heureux époux d'une noble chrétienne, et n'en demeurerai pas moins un loyal Musulman.

LE SANTON.

Ainsi les conseils d'Ibrahim sont rejetés, et son expérience est nulle à vos yeux, ou bien il ne vous aime pas.

ABDÉLAZIZ.

Qui oserait le dire? Seulement, Ibrahim, non plus que vous, ne connaît pas Egilone. Vous ignorez ce que c'est une femme chrétienne. Vous ne savez pas quelle auréole de pudeur et de vertu l'environne. Ah! ce ne sont point ici de ces beautés futiles, dont la forme fait tout le mérite, esclaves d'un maître, du despotisme duquel elles se vengent par la ruse, caprice d'un jour, qu'un autre jour emporte. La femme chrétienne, libre, bien que soumise, se sent digne de s'asseoir à côté d'un époux dont elle est la subordonnée, mais aussi la compagne. Elle se respecte, et par là elle mérite le respect, et sa vertu, mieux défendue que par tous nos surveillants de l'Orient, demeure entière et pure, elle est gardée par elle-même. Ah ! ne le croyez pas : ce ne sont pas les sens qu'elle captive. Elle prend à l'homme son cœur, par la grâce, la pudeur et la vertu, son esprit, par l'admiration, sa raison, par l'estime : elle le possède tout entier.

LE SANTON.

Elle n'en est donc que plus dangereuse. Si la femme chrétienne l'emporte à ce point sur la femme de l'Islam, si c'est sa religion qui la rend telle, craignez que la supériorité, que vous accordez au Christ à l'égard d'un sexe, vous ne soyez bientôt conduit à la reconnaître, à la confesser à l'égard de l'autre.

ABDÉLAZIZ.

Egilone aura ses convictions ; je garderai les miennes. Nous respecterons, chacun, la croyance de l'autre. Elle, ni moi, ne voudrions d'un apostat.

LE SANTON.

Une union, qui n'est pas complète, n'est pas une véritable union. Egilone vous laissera votre foi. — Seigneur, sans vous en douter, vous marcherez vers la sienne. D'ailleurs, quelle que puisse être sa délicatesse personnelle, croyez-vous qu'elle ne sera pas importunée par les sollicitations de ses prêtres, et qu'elle puisse toujours se défendre de reporter sur vous les obsessions dont elle sera l'objet ? Vous vous flattez en vain. Demeureriez-vous Musulman ? eh bien, qu'importe; on ne le croira pas. Les Chrétiens, qui vous regarderont comme ébranlé, en accroîtront leur audace, et les Musulmans perdront la juste confiance qu'ils ont en vous. Seigneur, permettez ma franchise. Déjà une imprudence a été commise. Un Goth a été élevé par vous à la royauté. Un thrône a surgi, à l'aide de votre bras. L'Islam s'en alarme. On parle du crédit d'Egilone. Je dirai tout. On ajoute que, l'appui que vous prêtâtes à Théodmir, vous pourriez bien un jour le lui réclamer contre le Khalife.

ABDÉLAZIZ.

Infâme soupçon ! Moi, traître ! Santon, quiconque osera me le dire, sentira le tranchant de ce glaive. Tu l'as entendu, Irbas. Mon estime pour la bravoure, même chez un ennemi ; ma clémence, tant recommandée par nos Khalifes, il est quelqu'un, dit cet homme, qui ose m'en faire un crime.

IRBAS.

Seigneur, c'est bien mal vous juger. (*Irbas remonte au fond.*)

LE SANTON.

La clémence ne va point jusqu'à élever le vaincu au-dessus du vainqueur; autrement, elle change de nom. Le Khalife ne l'approuvera pas. Il saura bien, aussi, empêcher ou punir ce mariage.

ABDÉLAZIZ.

Des menaces, à moi ! sais-tu bien qu'ici je commande ?

LE SANTON.

Ton père y commanda bien aussi.

AADÉLAZIZ.

Malheureux ! Quelle parole as-tu prononcée !
Fauteur de troubles et de discorde, viens-tu
donc pour me pousser à la révolte? O père infortuné ! O cruel Souleyman !..... Mais non : écartons ces douloureux souvenirs. Malgré tout, je demeurerai sujet fidèle. Que le Khalife dispose à son gré de mon bras ; qu'il prenne, s'il le veut, ma tête ; c'est son droit. Mais mon cœur est à moi, et je ne réclame rien que le droit du sujet le plus obscur, celui de me choisir une épouse.

LE SANTON.

Redeviens-donc un sujet obscur.

ABDÉLAZIZ.

Santon, ta hardiesse dépasse toutes les bornes. Qui es-tu pour me parler ainsi ? Retire-toi, et rends grâces à Ibrahim. Non, demeure, car tu es chez moi, et il ne sera pas dit que j'aurai chassé de mon palais un homme emporté par son zèle, quelque fanatique qu'il puisse être. C'est moi qui me retire. (*Abdelaziz sort par la porte du second plan de droite.*)

SCÈNE VII.

IRBAS, le SANTON.

IRBAS (*descend la scène, et s'adressant au Santon*) :

Vous voyez, vénérable Santon, si je vous ai dit vrai. A part quelques contradictions apparentes, et que je vous expliquerai, Abdélaziz......

LE SANTON.

Laissons cela. Je crains qu'Abdélaziz ne soit perdu.

IRBAS.

Perdu pour la religion. Mais, songez à sa puissance. Une partie de l'armée est à lui, et si on le pousse à bout, ce serait le plus sûr moyen de le porter à ce que nous craignons, une révolte ouverte. Unissons-nous contre le perfide. Vous avez vos conseils; j'entends les adopter. Moi, j'ai mes fidèles Berbers.

LE SANTON.

Seigneur, je vous engage à vous reposer de tout sur moi. (*Il remonte vers le fond comme pour sortir, Irbas l'accompagne.*)

IRBAS.

Ce ne saurait être votre dernier mot. En attendant, vous faites bien d'aller rejoindre votre compagnon. Vous y réfléchirez, et nous en reparlerons. (*Le Santon sort par la porte du fond. Irbas descend la scène.*)

SCÈNE VIII.

IRBAS (*seul*).

Il me repousse; mais moi, je ne m'abandonne pas. Cet homme est mystérieux, et bien étrange. Avec quelle hardiesse il parlait à l'Emir, quand je tremblais, moi, rien qu'à l'aspect d'une colère qui retombait sur autrui! Certainement il se croit fort, et il ne l'est que trop envers moi. Voyons, pensons-y. Ma lettre est arrivée à sa destination. C'est quelque chose. Le Visir en a délivré une double copie. Avec quelle légèreté les affaires se traitent en haut lieu! et n'y a-t-il pas là de quoi décourager tout serviteur fidèle? Pourquoi remettre ces deux copies au Santon? Ah! je commence à comprendre. Ce n'est pas lui; c'est le Mollah. Celui-ci doit être un personnage influent.

Mais le but ? Eh bien, il me l'a dit. Ils ont voulu se procurer, par mon entremise, un entretien avec Abdélaziz, qu'ils espèrent ramener. Cet homme est une menace et un embarras pour moi. Oh ! je saurai bien l'empêcher de me nuire. Il veut marcher à l'écart ; qu'il le fasse. A quoi aboutira-t-il ? Un homme seul, sans appui, un étranger, un Santon ! soulever l'armée par ses prédications ? Il y sera le mal-venu. Moi, j'ai mes Berbers. Il n'en veut pas. Eh bien, je les emploierai tout seul. Qu'Abdélaziz seulement accomplisse son mariage : le Santon aura dit vrai. Le Khalife l'en punira ; mais ce sera par mes mains. Profitant du premier moment d'indignation dans l'armée, j'immole le coupable, dont je saurai bien grossir les torts. Et qu'importe alors ma lettre, cette arme que le Santon tient comme un poignard sur ma poitrine ? J'enverrai moi-même le Santon la porter à l'Emir. (*Irbas sort par le fond. Le rideau baisse.*)

ACTE SECOND.

Une pièce des appartements d'Egilone. Au fond, une grande porte donnant dans un vestibule qui conduit au-dehors du palais. A droite, au second plan, une porte qui conduit aussi au-dehors, et au premier plan, une porte qui conduit à la chambre d'Egilone. Au second plan, à gauche, une cheminée garnie. Au premier plan, à gauche, une table couverte d'un tapis en velours, à droite de la table un fauteuil. Un fauteuil, premier plan à droite, fauteuils au fond. (L'ameublement doit être très-riche et doré.)

SCÈNE I.

EGILONE, assise sur le fauteuil près de la table, ZERBINE, debout près du fauteuil où est Egilone.

ZERBINE.

Madame, c'est trop longtemps vous consumer dans les larmes. L'époux que vous pleurez depuis cinq ans, rien ne saurait vous le rendre, non plus que la couronne qui tomba de votre tête en même temps que de la sienne. Songez néanmoins qu'un autre vainqueur pouvait user autrement de sa victoire. Entourée de respects et d'hommages, vous n'avez à désirer que le nom de Reine, et il ne tient qu'à vous de continuer à dominer sur l'Espagne et d'être toujours la première de ses femmes.

EGILONE.

Toi aussi, Zerbine, tu me conseilles ce mariage! Voudrais-tu que je consente à m'unir à un ennemi de notre sainte foi; que je manque à la mémoire de Rodéric? Car c'est sa personne que je regrette, et non pas son thrône.

ZERBINE.

Si Abdélaziz n'est pas chrétien, il mérite de l'être, par ses vertus; et le roi défunt, pardonnez à ma franchise, n'avait pas craint de transgresser les lois sacrées de l'hymen. C'est là, vous le savez, la cause de tous nos malheurs.

EGILONE.

Arrête. Si le roi commit une faute, ce n'est point à des sujets à le juger, et il ne l'a que trop expiée. O sanglante bataille du Guadalète! O malheureux époux, et toi, son fidèle coursier, noble Orella, toi que je nourrissais de ma main, et qui te montrais sensible à mes caresses, quand je flattais ton ondoyante crinière! Toi qui semblais t'enorgueillir du poids de ton maître! Ta vigueur ne put le sauver. Blessé, tu t'affaissas dans les flots, et les gouffres du fleuve se refermèrent sur Rodéric. Depuis ce temps, nous sommes esclaves. Rodéric, Rodéric, tu n'es plus là, pour défendre ton peuple et ton épouse!

2*

ZERBINE.

Un autre a défendu la nation et la Reine, et vous ne pouvez, sans manquer à la reconnaissance, oublier que, dans l'insurrection de notre Hispalis, Abdélaziz sauva, des mains de ses soldats furieux, le peuple enfermé dans le temple, le pontife et vous-même.

EGILONE.

Ah! cet affreux souvenir n'est que trop présent à ma pensée. (*Egilone se lève et passe à droite.* *) Il me semble le voir, ce fier Musulman, au milieu des clameurs et des armes, couvert du sang des forcenés qui allaient nous égorger, se lancer entre eux et moi, et me garantir de son corps, pendant que, tremblante, éperdue, j'invoquais le Christ et sa Mère, pour qu'ils abrégeassent mon martyre et me reçussent dans le ciel. Laisse-moi plutôt penser à Rodéric, et ne reporte pas mon esprit sur un tableau profondément gravé dans ma mémoire. Depuis ce jour, en effet, je ne puis plus voir le Musulman, sans que tout mon sang ne me reflue au cœur. S'il paraît, je tremble, je rougis, je pâlis. Absent, son image me poursuit partout et m'obsède. Pourquoi tant d'effroi ou tant de haine? Je ne saurais le dire. Je ne me comprends pas moi-même. Je voudrais être plus calme. Je voudrais lui témoigner ma reconnaissance, car enfin, il m'a sauvée. Je ne le puis. A son aspect, je demeure immobile et muette.

ZERBINE.

Rassurez-vous et ne soyez pas injuste envers vous-même. (*Avec un peu de malice.*) Vous ne

---

* Zerbine, Egilone.

le haïssez point. Mais si sa religion est, à vos yeux, un obstacle invincible qui le sépare de vous. *(Zerbine aperçoit le Pontife et Théodmir qui entrent par la porte du fond.)* Voici venir Théodmir et le Pontife. Consultez l'un et l'autre, car ils sont nos chefs, et voyez quels sont leurs sentiments.

SCÈNE II.

ZERBINE, THÉODMIR, EGILONE, le PONTIFE.

THÉODMIR.

Noble reste de la puissance des Goths, vous, toujours notre reine, nous recourons à vous. Votre peuple vous demande votre protection, comme à son ange tutélaire. Tant que vous nous demeurez, tout espoir de salut n'est pas évanoui. Avec Rodéric, nous perdîmes notre épée; il nous reste notre bouclier; et, si l'Arabe a triomphé de nos armes, il ne resistera pas à vos vertus.

EGILONE.

Brave Théodmir, quel appui me demandez-vous? Que peut une faible femme, au milieu de la violence et des armes? Insuffisante à me protéger moi-même, comment puis-je défendre les autres?

THÉODMIR.

Ignorez-vous votre puissance? Celui qui commande ici en maître, l'Emir, s'incline devant vous. Abdélaziz vous aime, et brûle d'unir son sort au vôtre. Il est pénible, je le comprends, de descendre d'un thrône. Cependant, je n'insisterai pas sur ce point, et vous avez daigné me dire que l'éclat du rang vous touche peu. Qu'est-ce donc qui peut vous arrêter, quand le salut de l'Espagne chrétienne est attaché à votre détermination? Figurez-vous que tout votre peuple à genoux, ces femmes, ces enfants, ces vieillards, vous invoquent, comme au jour où vous les avez préservés, sans vous douter que votre personne était leur seule sauvegarde. Abdélaziz va s'éloigner avec son armée. Pouvons-nous espérer la même bienveillance, du Wali qu'il laissera pour le représenter? Si vous consentez à être à lui, le nom de son épouse sera un rempart inexpugnable, derrière lequel le pauvre chrétien viendra se réfugier. Votre cœur est trop généreux pour manquer à la reconnaissance. Vous ne refusez point votre estime à la magnanimité, à la noblesse du cœur, à la loyauté d'Abdélaziz. Vous ne pouvez douter de sa constance. Que faut-il davantage? Sa religion? Oui sans doute, je ne saurais méconnaître que c'est une puissante barrière. Mais, permettez à la franchise d'un soldat de parler ainsi à sa souveraine, cette barrière, il n'appartient pas à moi, il n'appartient pas à vous-même de la maintenir ou de l'abaisser. C'est le droit de l'Eglise. Saint Prélat d'Hispalis, c'est à vous d'en décider. Votre parole, telle qu'elle puisse être, sera écoutée de moi avec respect, et je n'insisterai plus, si elle m'est contraire. Si elle m'est favorable, ô Reine, serez-vous sourde à cette voix?

LE PONTIFE.

O Reine, j'ai longtemps réfléchi sur cette affaire importante. J'ai hésité. J'ai prié le Seigneur de m'éclairer de ses lumières. J'ose croire qu'il m'a exaucé. Votre résistance aux vœux de l'Émir vous honore; plus longue, elle serait trop personnelle. Nul de nous n'est né pour lui seul, et, plus que les autres, les personnages que leur condition élève au-dessus du vulgaire, doivent, quand il le faut, savoir se dévouer pour de grands intérêts. Le mariage avec les infidèles est prohibé; mais, ce que Dieu et l'Eglise ont interdit en général, Dieu et l'Eglise peuvent le permettre, en des circonstances dont eux seuls sont juges. Ainsi l'ont pensé de saintes femmes. Esther épouse le roi Assuérus, et devient par là le moyen dont Dieu se servit pour délivrer son peuple. Sans remonter aussi avant dans les âges, par delà les monts, une princesse chrétienne, il y a deux siècles, donna, avec la permission de l'Eglise, sa main au fondateur païen d'une monarchie. La douceur, la piété de Clotilde, touchèrent le cœur du Barbare, et, quand le moment fut venu, Dieu, d'un coup de son tonnerre, acheva son œuvre. Depuis ce temps, la monarchie des Francs brille, entre toutes les nations chrétiennes, par la pureté de sa foi, non moins que par sa puissance. Qui sait ce que réserve, à la malheureuse Espagne, cet avenir que Dieu tient entre ses mains? Soyez docile à entrer dans ses voies, et regardez-vous comme un instrument, dont il a le droit de disposer.

EGILONE *(avec solennité)*.

Vous voulez tous les deux que la veuve de votre Roi devienne l'épouse du Musulman Abdélaziz?

THÉODMIR *(mettant un genou à terre.)*

Madame, au nom du peuple Goth, de ses Barons et de ses Comtes, je vous en conjure à genoux.

LE PONTIFE *(d'un ton grave et solennel.)*

Ma fille, au nom des pauvres chrétiens de ce pays, au nom de la sainte Eglise, de laquelle je tiens mes pouvoirs, au nom du Dieu tout-puissant, votre juge et le mien, je vous l'ordonne.

EGILONE.

(*A Théodmir.*) Théodmir, je me rends aux vœux du peuple. (*Théodmir se relève.*) (*Au Pontife.*) Mon père, j'obéirai.

THÉODMIR.

(*Mettant la main sur son cœur.*) Ah, Madame! Permettez que je sorte. Vous ne le savez pas : il est là, à votre porte, le noble, le puissant Émir. Il attend en tremblant son arrêt. Que je le conduise à vos genoux. (*Il sort par la porte du fond.*)

EGILONE.

Quoi! sitôt paraître devant lui! Mon père, que dois-je faire?

LE PONTIFE.

L'accueillir, ma fille, et l'agréer pour votre époux. (*Théodmir entre par la porte du fond, tenant Abdélaziz par la main.*)

SCENE III.

ZERBINE, EGILONE, ABDÉLAZIZ, THÉODMIR, le PONTIFE.

ABDÉLAZIZ.

Egilone, est-il bien vrai? Mon bonheur est-il réel, ou bien est-ce qu'un songe m'abuse? Théodmir est incapable d'altérer la vérité, je le sais; mais une félicité si grande, elle m'écrase, et je n'ose y croire. Ah! par pitié, ne vous jouez pas d'un malheureux. Qu'un mot de votre bouche...

EGILONE.

Seigneur, par la volonté du peuple Goth, par

l'autorité de la sainte Eglise, ma mère, je vous engage ma foi.

ABDÉLAZIZ. *(Il tombe aux genoux d'Egilone.)*

Ah! mon âme est inondée de bonheur. C'est trop de félicité pour un homme. Non, ce n'est pas assez. Achevez, et faites-moi mourir de joie. Qu'une parole, un geste, m'assurent que vous ne me haïssez pas. Non, vous ne me haïrez pas. Je pourrai maintenant vous révéler tous les trésors d'amour que ce cœur enferme, et que vous y refouliez jusqu'ici. Vous ne me connaissez pas encore; ah! quand vous m'aurez connu, je vous forcerai bien à m'aimer. *(Il se relève.)* Je le sens, je deviens meilleur. Le don de votre main double mon orguel et mon courage. Maintenant viennent les labeurs, viennent les périls de toutes sortes : le malheur ne peut plus m'atteindre. Vos chrétiens d'ici, je suis leur rempart et leur frère. Je vais porter la guerre à d'autres, mon devoir m'y oblige. Je vais les soumettre; mais, j'en jure par la tête du Prophète, quel que soit le maître qu'ils quittent, ils n'auront point à s'en repentir. Madame, je vais partir ce soir; il le faut. Auparavant ne pourrai-je emporter le nom de votre époux? Ce soir, ah, ce soir : ne me refusez pas cette grâce, peut-être la dernière. A présent je voudrais vivre; songez pourtant que le sort des combats est incertain, et, qui sait s'il me sera donné de vous revoir. Après ma mort, la veuve du roi Rodéric ne serait guère respectée; mon nom protègera toujours la veuve d'Abdélaziz.

LE PONTIFE.

Seigneur, par mes soins, tout sera prêt, ce soir, pour la sainte cérémonie. Vous vous rendrez au temple.

ABDÉLAZIZ.

Saint Prélat, vous me donnez plus que la vie, en échange de celle que je vous conservai, (*Il prend la main de Théodmir.*) Brave Théodmir! (*A Egilone.*) O vous, l'âme de mon âme, Egilone, ô ma fiancée! Allons, il faut du courage. Je me rends où le devoir m'appelle. (*Il baise la main à Egilone, et sort par la porte du second plan de droite. Au même instant le Santon entre par la porte du fond, et s'avance vers Egilone.*)

SCÈNE IV.

ZERBINE, EGILONE, le SANTON, THEODMIR, le PONTIFE.

LE SANTON (*à Egilone*).

Madame, permettez-moi de me présenter dans votre demeure. J'arrive un peu tard, je le sais, puisque toutes choses viennent d'être arrêtées entre la religion de l'Islam et la vôtre. Je suis bien aise néanmoins de vous en dire ma pensée, au moins après coup, puisque nul Musulman n'a été appelé ici, au sujet de ce qui nous intéresse tout autant que les Chrétiens. La chose pouvait paraître assez juste, bien qu'aucun de vous n'y ait songé. J'y ai songé, moi, et me suis dit que c'est une réunion tout-à-fait touchante que la vôtre. Dans une alliance que vous appelez égale, d'un côté, la fiancée, assistée des représentants de son peuple et de son Eglise, du côté le plus fort (vous ne nierez pas ceci), le nouvel époux, seul, sans compagnons, sans conseil. Vous avez réglé les choses à l'amiable, et accordé que le maître garderait sa foi, l'esclave conservant la sienne. Le peuple Goth y consent; l'Eglise l'approuve; qu'est il besoin de consulter l'Islam? Et, ne devons-nous pas nous tenir pour trop heureux, de votre tolérance? Seulement, une légère différence existe en votre faveur. A quoi bon la mentionner? Celui qui commande ici au nom du Khalife, le vainqueur de Lorca et d'Hispalis même, le fils du conquérant Mouza, devra se rendre dans le temple du Christ vaincu. Il courbera la tête sous la main d'un prêtre ; l'abjuration, quoi qu'on en dise, ne sera pas formelle. Et vous pensez, Chrétiens, qu'ainsi la chose ira pour le mieux, et que nous n'avons qu'à la ratifier par notre silence?

EGILONE.

Seigneur, une femme, du moins parmi nous, une Reine ne dispose pas de sa main. A défaut de son père, son peuple et l'Eglise lui indiquent ce qu'elle doit faire. Ceux-là entendus, elle n'a plus personne à consulter.

LE SANTON.

Je voudrais n'humilier personne, mais le langage qu'on tient me force à répondre. Chrétiens, garderez-vous jusqu'au bout votre arrogance, et ne consentirez-vous pas enfin à appeler les choses par leur nom? De Reine, il n'en est plus dans ces lieux depuis que le Khalife y commande. Je n'y vois, d'une part, que des sujets, de l'autre, que des captifs de l'un et de l'autre sexe.

THÉODMIR (*portant la main à la garde de son épée*).

Tes paroles te coûteraient cher, si tu savais manier le sabre.

LE SANTON.

Epargne-moi tes menaces. Le moment n'est

pas venu de te les faire rentrer dans la poitrine. Ce moment viendra, plus tôt que tu ne le voudrais.

LE PONTIFE.

Tu dis, Santon, qu'Abdélaziz est notre maître. N'est-il pas aussi le tien? Et, ce qu'il fait de son plein gré, n'es-tu pas tenu de le respecter?

LE SANTON.

Abdélaziz a, au-dessus de lui, un maître, le seul que reconnaissent les Musulmans, le Khalife.

LE PONTIFE.

Attend donc le jugement du Khalife.

LE SANTON.

Et vous croyez, Chrétiens, que je n'ai pas su démêler vos artifices. A l'abri de son nom, vous voulez reprendre l'empire que la valeur vous a enlevée. Toi, Théodmir, tu veux conserver, que sais-je, peut-être agrandir ton royaume. Toi, femme, tu regrettes ta couronne perdue, et songes à la ressaisir. Toi, Pontife, Abdélaziz à demi-chrétien ne te suffit pas, et tu veux le rendre tel, tout-à-fait. Puis, tous les trois de concert, vous le pousserez à la révolte, et le Khalife aura, au lieu d'un brave général, un ennemi à combattre.

EGILONE, LE PONTIFE, THÉODMIR (*ensemble*).

Mensonge!

THÉODMIR.

Je me suis reconnu le tributaire du Khalife. Je n'ai jamais faussé ma parole.

EGILONE.

Je ne veux plus de couronnes : celle que je portais m'a été trop funeste.

LE PONTIFE (*passe près du Santon* *).

Quelque chose de ce tu dis est vrai. Si Abdélaziz, de lui-même et librement, voulait le baptême, s'il me le demandait, il l'aurait de ma main, dût son sang et le mien couler immédiatement après. J'agirais ainsi à l'égard de tout homme qui vive, et de toi-même.

LE SANTON.

Sois sans crainte à cet égard.

LE PONTIFE.

Quant à l'exciter à la révolte, cela n'est pas d'un Chrétien. Nous ne provoquons point la trahison. Nous ne voulons point de traîtres parmi nous.

LE SANTON.

Ta mémoire est courte, et même à ton endroit. N'es-tu pas le Pontife d'Hispalis? Cet Oppas, dont nous nous sommes servis, mais.... je veux bien taire le reste.

LE PONTIFE (*avec tristesse*).

Je suis le Pontife d'Hispalis, bien que je ne m'appelle point Oppas. Santon, je t'entends, et la vérité m'oblige à baisser la tête sous tes reproches. Hélas! il n'est que trop vrai. Deux traîtres ont flétri l'honneur du peuple Goth. C'est pour cela que Dieu nous afflige et nous humilie sous vous, et qu'il nous fait justement

* Zerbine, Egilone, le Santon, le Pontife, Théodmir.

expier nos péchés. Mais l'heure de sa miséricorde sonnera ; et, si je pouvais la hâter, si je pouvais laver, de mon sang, notre honte, avec quelle joie je donnerai ma vie pour l'honneur de l'Église et pour le salut de la nation.

LE SANTON.

Vieillard, si tu es un autre qu'Oppas, je retire mes paroles, en ce qu'elles te concernent, et regrette de t'avoir injustement affligé.

THÉODMIR (*avec hauteur*).

Santon, finissons-en. Que veux-tu ?

LE SANTON.

Si ce mariage est irrévocablement arrêté entre vous tous, intervenant au nom de la religion et du peuple Musulman, j'exige qu'au moins Egilone embrasse la foi de l'Islam, et que, conformément à nos mœurs et à nos usages, le mariage soit contracté devant le Kadi.

EGILONE, LE PONTIFE, THÉODMIR (*ensemble*).

Jamais !

EGILONE (*avec dignité*).

Plutôt mourir !

LE SANTON.

Et qu'a donc notre foi, pour motiver ces superbes dédains? Ne voyez-vous pas, Chrétiens, combien elle l'emporte sur la vôtre? Celle-ci est décrépite et décline de jour en jour, quand l'Islam croît et grandit à chaque heure. Le Christ a fait son temps. Sur ses ruines, Mahomet s'élève, jeune et radieux et déjà il embrasse le monde.

Le Ciel se déclare visiblement pour nous. Si vous avez cru au Christ, sur ses miracles, reconnaissez la mission du Prophète à ses victoires, qui sont aussi des miracles. Des royaumes qu'avait gagnés le Prophète Jésus, il ne vous en reste plus qu'un petit nombre. Mahomet, le plus grand des Prophètes, est venu, il n'y a pas encore un siècle, et déjà, sans parler de l'Arabie, la Syrie, la Perse, l'Egypte, tout le littoral de l'Afrique et l'Espagne, sont à lui. Il menace à la fois, de ce côté, la terre des Francs, à l'Orient, le pays des Grecs. Son empire doit se rejoindre par les deux bouts, et sa religion faire le tour du monde. Vous reprochez aux Juifs que Dieu les a rejetés : aveugles, qui ne voyez pas qu'il se retire aussi de vous ! Est-ce à vous, dites-le, ou à nous qu'il a donné le sabre ?

LE PONTIFE (*avec dignité.*)

Santon, je n'ai qu'un mot à te répondre. Ta religion, c'est la guerre ; la nôtre est la paix ; et la paix a toujours vaincu la guerre. Nos conquêtes, nous les avons faites par la persuasion et la charité, et notre sang seul a coulé pour cela. Vous triomphez par la violence et les armes ; nous savons, nous, que celui qui tire l'épée périra par l'épée. Vous gagnez des terres et des corps esclaves, les affections et les âmes nous appartiennent. Lequel des deux empires est le plus digne et le plus durable ? Le Dieu, qui nous a punis pour nos fautes, saura bien nous relever, après un temps d'épreuves, et, tandis que vous passerez comme un ouragan destructeur, comme un brillant météore, la barque de saint Pierre, un moment battue par l'orage, poursuivra paisiblement sa route, à travers les écueils et les flots. Vous avez le sabre, dites-vous. Nous avons une arme plus efficace ; contre laquelle le tranchant du glaive s'est toujours émoussé, et qui a lassé de plus puissants que vous; car, le martyre a conquis les Romains, les maîtres du monde.

THÉODMIR.

Sans compter que le sabre nous a été donné aussi, et que les chances des combats sont incertaines. Le Dieu des batailles n'est pas pour vous seuls.

LE SANTON.

Que dis-tu, Théodmir? Tu es notre tributaire, et nous as juré obéissance.

THÉODMIR.

Sortons, saint Pontife. Je ne puis plus supporter les blasphêmes et les insolentes bravades de cet homme. (*Théodmir et le Pontife sortent par la porte du fond en regardant le Santon avec dédain.*)

SCENE V.

ZERBINE, le SANTON, EGILONE.

LE SANTON.

Femme, tes amis ont bien fait de quitter la place, j'ai quelque chose à dire à toi seule. (*Sur un signe d'Egilone, Zerbine remonte au fond et prête une oreille attentive au monologue du Santon.*) Il ne s'agit pas seulement de la prééminence de nos religions respectives; il s'agit d'Abdélaziz, et de toi-même. L'armée et le Khalife ne consentiront jamais à ce qui se passe: ce mariage ne s'accomplira pas, où, si les flambeaux de l'hymen s'allument, la torche de la pompe funèbre suivra de près. Toi ou Abdélaziz, vous mourrez : peut-être tous les deux. Choisis, de renoncer à Abdélaziz, vivant ou mort. Songes-y. Cette parole est plus sûre que toutes les visions de vos Prêtres. Tiens-toi pour dit aussi, qu'un mot révélé par toi, de ce que je t'annonce, sera suivi d'une mort instantanée. La foudre ne serait pas plus prompte à te frapper. Adieu. (*Le Santon sort par le fond et Zerbine descend à Egilone.*)

SCENE VI.

ZERBINE, EGILONE.

EGILONE (*troublée.*)

O ciel! que dit cet homme! j'ai peur, Zerbine, j'ai peur. Il me semble sentir au cœur le froid de l'acier. As-tu vu son air déterminé, impitoyable, sa parole, brève et dure, ses yeux brillants d'un feu sauvage, comme ceux d'un loup dans l'ombre? Il le fera, Zerbine, comme il l'a dit. Moi, je serais le bourreau d'Abdélaziz? Son amour pour celle qu'il a sauvée lui coûterait la vie? Pourquoi ce Santon n'en veut-il pas à moi seule? Retirer ma promesse? Il en mourra aussi bien, et sa dernière parole sera une malédiction pour la fiancée dont il accusera la félonie. Que faire grand Dieu, que faire? Viens, Zerbine, et puisque cet odieux Santon m'a enveloppée d'un filet inextricable, puisqu'il m'isole de tout conseil humain, allons recourir aux inspirations de Celui qui, pour entendre les prières, n'a pas besoin des paroles. (*Egilone et Zerbine se dirigent vers le fond pour sortir, le rideau baisse.*)

ACTE TROISIÈME.

Le théâtre représente la grande place d'Hispalis, à gauche, sur les premiers plans, le palais d'Abdélaziz, auquel on arrive par un large escalier de pierre, avec balustre de chaque côté ; les derniers plans de gauche servant de rue. A droite, premier et second plans, rues, les troisième, quatrième et cinquième plans, sont le temple chrétien, auquel on monte par trois marches. Le fond représentant des maisons et monuments de la ville. Au premier plan, à droite, un banc de pierre.

SCENE I.

IRBAS, le SANTON. *(Ils sortent du palais d'Abdélaziz.)*

IRBAS.

Eh bien, vénérable Santon, vous en convenez, toutes vos démarches ont été vaines. Vos instances ont échoué contre l'obstination de l'Emir. Je l'avais bien prévu, et n'ai pas manqué de vous le dire. Etes-vous bien convaincu, maintenant, qu'il faut recourir à d'autres moyens? Je vous ai fait l'offre de mon alliance ; je la renouvelle. Elle n'est pas à dédaigner.

LE SANTON.

Seigneur, je ne dédaigne rien ; mais je n'ai pas encore perdu tout espoir d'épargner au Khalife la nécessité de frapper un Musulman.

IRBAS.

Un traître.

LE SANTON.

Un vaillant soldat, dont la première faute mérite des ménagements, une attention toute particulière.

IRBAS.

Votre indulgence est grande, et plus d'indignation, ce me semble, siérait mieux au caractère dont vous êtes revêtu. Pour moi, je le dis sans hésiter: tout traître, tout perfide, à mes yeux, mérite la mort.

LE SANTON.

(*A part.*) Misérable! c'est ton arrêt que tu prononces. (*Tout haut.*) Pas toujours. Un traître impuissant ne mérite que le mépris.

IRBAS.

Lui, impuissant! vous n'y songez pas. Je vous l'ai dit, l'armée, ses Arabes du moins, l'adorent. Pour mes Berbers, ce n'est pas tout-à-fait de même.

LE SANTON.

Seigneur, le pouvoir d'Allah est grand, et Mahomet veille sur les siens.

IRBAS.

Des prières, ah, des prières!...., Oui sans doute, la prière est une bonne chose, quand elle est accompagnée des actions. Autrement, c'est tenter Dieu, que de compter sur un miracle, et l'homme, qui ne s'aide pas lui-même, ne mérite pas qu'Allah vienne à son secours. (*Egilone et Zerbine sortent du temple.*) J'aperçois la chrétienne. Eloignons-nous. (*Irbas entre au palais d'Abdélaziz. Egilone et Zerbine descendent en scène, Egilone se trouve du côté du Santon.*)

LE SANTON.

(*A mi-voix, à Egilone.*) Souviens-toi. (*Egi-*

lone fait un mouvement de frayeur. Le Santon sort par le deuxième plan à droite.)

SCÈNE II.

ZERBINE, EGILONE.

EGILONE.

Toujours cet homme ! Il s'acharne après sa victime.

ZERBINE.

Eh bien, Madame, que comptez-vous faire?

EGILONE.

Zerbine, il faut lui obéir. Il faut sauver Abdélaziz, quoi qu'il m'en coûte.

ZERBINE.

Vous allez le jeter dans le désespoir.

EGILONE.

Ne me le dis pas. Je ne veux pas réfléchir. Profitons d'un moment de courage; dans un autre, peut-être, je n'aurais pas la force. Va, cours, entre au palais. Demande Abdélaziz. Qu'il vienne, à tout prix. Qu'il vienne sur l'heure. Dis-lui que je l'attends ici (*Zerbine entre au palais d'Abdélaziz.*)

SCÈNE III.

EGILONE (*seule*).

Malheureuse Egilone ! Ah, je le sens à cette heure. Je comprends que je l'aimais. Eh bien, c'est cet amour qu'il faut immoler, au moment où il se révèle. Je le ferai. Qu'Abdélaziz vive !

Qu'il m'oublie ! Que je sois seule malheureuse ! Grand Dieu, soutenez-moi dans cette épreuve. (*Abdélaziz sort du palais.*) C'est lui.

SCÈNE IV.

ABDÉLAZIZ, EGILONE, ZERBINE.

ABDÉLAZIZ.

Madame, quelle faveur inespérée ! Ah, croyez-le bien, j'allais vous prévenir. Les affaires terminées, j'allais voler à vos genoux. Mais quel nuage assombrit votre visage ! Quelle pâleur répandue sur vos traits ! Quel que soit le chagrin qui vous domine, daignez me le confier. Ne suis-je pas bientôt votre époux ?

EGILONE (*avec hésitation*).

Seigneur !

ABDÉLAZIZ.

Vous craignez de parler !

EGILONE (*de même*).

Seigneur, je suis tremblante.

ABDÉLAZIZ.

Auprès de moi ? Quelque outrage ?.... Qui est-il ?

EGILONE (*de même*).

Non, Seigneur. Rien d'extérieur. Le fruit de mes réflexions....

ABDÉLAZIZ.

Eh bien, Madame.

EGILONE (*de même*).

J'ai pensé qu'une captive ne convient point au rang élevé que vous occupez, que c'est folie à moi de me rappeler qui j'étais... Que je ferai mieux de regarder ce que je suis ; et qu'un jour vous vous repentiriez d'une alliance disproportionnée.

ABDÉLAZIZ.

Où suis-je ?

EGILONE (*avec émotion*).

Seigneur, je vous rends votre parole.

ABDÉLAZIZ (*avec inquiétude*).

Ma parole ! Et la vôtre, Madame ?

EGILONE.

Seigneur ; il faut que nous renoncions l'un à l'autre. Croyez que, sans de graves intérêts...

ABDÉLAZIZ.

Des intérêts ! Non, je ne crois rien, ou plutôt je crois à tout. Je crois à la fourbe, à la cruauté, à l'imposture. Non ; c'est impossible. Dites-moi que je m'abuse. Que c'est un songe, un affreux songe.

EGILONE.

Seigneur !.....

ABDÉLAZIZ.

Ah ! Vous me rendez ma parole : et moi, je ne vous rends pas la vôtre. Cette parole de ce matin, cette parole solennelle, c'était donc un jeu. Un jeu ! Jeu terrible, et qui fera couler bien

des larmes. Egilone, vous cruelle et parjure !
Mais vous vous trompez ! Vous n'avez pas voulu
le dire. Vous ne l'avez pas dit. A ! par pitié, as-
surez-moi que je ne l'ai pas entendu.

EGILONE.

Hélas !

ABDÉLAZIZ (*d'une voix sévère*).

Perfide, vous m'assassinez, et feignez une
douleur hypocrite. Ah, je le savais bien, je vous
ai toujours fait horreur. Pourquoi ne pas le dire
tout d'abord ? Pourquoi flatter mon espérance,
pour la tromper ? On me l'avait bien dit. Oui, ce
sont là les mœurs de votre peuple. Ah ! malheur
sur ce peuple, sur cette race de lâches, race de
fourbes et de traîtres. Blessé au cœur, je n'y
survivrai pas, mais je ne tomberai pas seul. Ma
vengeance sera terrible, et ma juste fureur s'é-
tendra sur toute cette secte impie. Vos chrétiens
d'ici, je les abhorre : les autres, leur sang cou-
lera comme l'eau. Je n'épargnerai ni l'âge ni le
sexe. J'envelopperai, dans un même massacre,
l'Espagne et le pays des Francs, l'innocent et le
coupable ! L'innocent ! Non, il n'en est point
parmi eux. (*Egilone tombe évanouïe dans les
bras de Zerbine, qui la pose sur le banc de
pierre. Théodmir entre du fond gauche, au-
dessus du palais.*)

SCÈNE V.

THÉODMIR. ABDÉLAZIZ. ÉGILONE, évanouie. ZER-
BINE, (prodiguant des soins à Égilone).

ABDÉLAZIZ.

Approche, Théodmir, toi aussi, tu m'as trahi.

THÉODMIR (*avec surprise*).

Moi, Seigneur !

ABDÉLAZIZ.

C'est un infernal complot, que vous avez ourdi ensemble, avec ton Prélat menteur, et cette femme. Oh ciel ! ma raison s'égare. Théodmir tu sais quelle a été sa promesse. J'ai sa parole. Eh bien! elle me la retire. (*A Zerbine*). Toi, qui ne quittes pas ta maîtresse, que s'est-il passé ? Parle, parle donc.

ZERBINE.

Seigneur, vous m'épouvantez.

THÉODMIR.

Je ne puis comprendre..... Il est vrai que le Santon.....

ABDÉLAZIZ.

Que dis-tu du Santon ?

THÉODMIR.

Il est entré après vous. Il demandait l'abjuration d'Egilone. Nous l'avons repoussé avec le mépris qu'il mérite.

ABDÉLAZIZ.

Après ?

THÉODMIR.

Le Pontife et moi, nous nous sommes retirés.

ABDÉLAZIZ.

Et vous avez laissé le Santon avec Egilone ?

THÉODMIR.

Oui, Seigneur.

ZERBINE.

Et le Santon a menacé ma maîtresse.

ABDÉLAZIZ.

Menacé !

ZERBINE.

Il lui a défendu ce mariage. Il a parlé de votre mort ; de celle de la Reine.

ABDÉLAZIZ.

Le scélérat ! Ah, je respire (*à genoux devant Egilone*). Egilone revenez à vous. Crédule victime d'un audacieux imposteur, ne faites pas deux malheureux (*Egilone ouvre les yeux*). Egilone, ne crois point le Santon ; ne le crois point. Tu es à moi. Rien ne saurait t'arracher à ton époux (*se relevant*). Un Santon ! Un obscur misérable ! Ne sais-tu pas quelle est ma puissance. Ignores-tu qu'ici, pour qu'une tête tienne sur les épaules qui la portent, il faut que je le veuille. Théodmir, dis-lui que le moindre soldat de cette armée, qui m'appartient, suffit pour me débarrasser d'un monstre.

THÉODMIR.

Madame, pourquoi ne pas m'avoir confié vos craintes ? Comme l'Emir, et avant lui, je vous aurais montré que vous n'avez point à vous alarmer de la méchanceté d'un homme, dont les projets, tout sinistres qu'ils peuvent être, touchent au ridicule.

EGILONE (*avec terreur.*)

Mais le poison !

ABDÉLAZIZ.

Tous mes serviteurs m'aiment, et cet homme n'a point accès dans mon palais.

EGILONE (*de même.*)

Le poignard !

ABDÉLAZIZ.

Au milieu de mon armée ?

THÉODMIR.

Et avec mon corps pour rempart ?

EGILONE.

Une révolte des soldats !

ABDÉLAZIZ.

Mes soldats, hésiter entre moi et un vil mendiant ?

EGILONE.

Il vous menace du Khalife.

ABDÉLAZIZ.

Qu'importe au Khalife mon mariage, et en quoi peut-il le blesser ? Il m'en saura gré lui-même. Quand il apprendra que cette union a doublé ma force et mon courage, il approuvera la cause de mes exploits. Il ne pourra refuser cette récompense à mes services. Quoi ! Parce qu'une action de l'Emir déplaît à un homme inconnu, sans crédit, sans influence, le Khalife embrassera la cause de cet homme de rien, contre son lieutenant? D'ailleurs, ce n'est point le Santon qui informera le Chef des Croyants de mon mariage. Il ne saurait arriver aussi haut. Je le lui annoncerai moi-même, je le fléchirai à force de victoires. Egilone, bannissez de vaines terreurs, ou laissez-moi voir, dans ce refus, un prétexte à votre haine.

ÉGILONE (*avec attendrissement*).

Moi, vous haïr! L'ingrat! Quand je lui donnais la marque d'affection, la plus cruelle à mon cœur!

ABDÉLAZIZ (*avec ravissement*).

(*A genoux*). Ah! Ce mot efface tout. Qu'il soit béni. Je ne l'ai pas acheté trop cher, de toutes mes alarmes. Grâce pour mes emportements injustes! Mais aussi, vous perdre! Egilone, pardonne-moi (*il se relève*). Viens. A l'instant même marchons à l'autel.

EGILONE.

Seigneur, rien n'est prêt pour la cérémonie. Le Pontife n'est pas encore arrivé. Seigneur, je suis toute tremblante. Permettez-moi de me retirer quelques instants pour me recueillir. Dans une heure, je suis présente.

ABDÉLAZIZ.

Une heure, c'est un siècle. Enfin, puisqu'il le faut.... Dans une heure, nulle puissance du ciel ou de l'enfer ne pourra plus empêcher que vous ne soyez à moi. Quant à ce misérable, il va périr à l'instant.

EGILONE.

Seigneur, point de sang répandu. Ce serait un triste augure pour notre mariage.

ABDÉLAZIZ.

Vous le voulez, Eh bien, une bonne garde me répondra de lui. (*Egilone, Zerbine et Théodmir, sortent par le second plan de droite.*)

SCÈNE VI.

IRBAS, ABDÉLAZIZ.

ABDÉLAZIZ (*appelant*).

Irbas !

IRBAS (*sortant du palais*).

Seigneur.

ABDÉLAZIZ.

Le Santon. Tu sais ?

IRBAS.

Oui Seigneur.

ABDÉLAZIZ.

Fais-le chercher partout. Qu'on l'arrête. Tu m'en réponds. Après, tu appelleras les troupes sur cette place. Mariage conclu, nous partons.

IRBAS.

Oui, Seigneur. (*Abdélaziz entre au palais.*)

SCÈNE VII.

IRBAS (*seul se promène avec agitation*).

Le Santon ! Que s'est-il donc passé ? Il a dû se compromettre par quelque menace. Le voilà bien placé, entre le courroux d'Abdélaziz et ma vengeance! Insensé! Il n'a pas voulu de moi. Il verra si son plan était meilleur que le mien. Tout marche à souhait pour mon espérance. Mes ennemis se divisent entre eux, et Abdélaziz prend à tâche de me servir. Puisqu'il le veut, convoquons ici les troupes, d'abord mes Berbers, et assurons-nous de leurs dispositions. Allah et ma bonne étoile feront le reste. Voilà quelqu'un. (*Le serviteur du 1er acte paraît sur le seuil de la porte du palais.*) L'officier de service. (*Le serviteur rentre. L'officier de service descend du palais et vient à Irbas.*) Où sont les troupes ?*

L'OFFICIER.

Seigneur, elles attendent, sous les armes.

IRBAS.

Amenez-moi ici les Berbers, à l'instant. Les Arabes suivront dans une demi-heure. (*L'officier sort par le fond gauche.*)

SCÈNE VIII.

(Voir à la fin de la pièce, pour cette indication n° 1.)

IRBAS.

Voici mes braves. La royauté de Théodmir, et l'attitude humiliante que je leur ai fait prendre ce matin, et qu'ils attribuent à l'orgueil d'Abdélaziz, les ont déjà blessés. Avec un peu d'adresse, je n'aurai pas beaucoup à faire. (*Levant son sabre.*) Les capitaines à l'ordre. (*Les capitaines viennent former le cercle autour d'Irbas;*

---

* L'Officier, Irbas.

premier plan gauche *.) Braves Berbers, vous savez ce qui se passe ? Je n'ai rien voulu vous dire, avant que vous ne le vissiez par vos yeux. Abdélaziz va épouser sa Chrétienne. Il a voulu que vous-mêmes soyez témoins de son mariage. Après cela, il ne faut guère compter sur une expédition prochaine, bien qu'on vous la promette tous les jours, pour vous bercer d'espérances. Abdélaziz s'endormira dans les bras de son épouse. C'est bien naturel, n'est-ce pas? (*Murmures*.) De quel œil les troupes verront-elles cette union et ce contre-ordre?

UN CAPITAINE.

Avec horreur.

IRBAS.

Vous êtes sûrs ?

TOUS.

Oui.

IRBAS.

Et vous-mêmes ?

TOUS.

Avec horreur.

IRBAS.

Cependant, il faut nous résigner,

TOUS.

Non.

* Capitaines

    Irbas

IRBAS.

Que faire alors ?

TOUS.

La révolte.

IRBAS.

Songez-vous qu'Abdélaziz vous fera périr?

LE CAPITAINE.

Nous le tuerons.

IRBAS.

Qu'il a pour lui les Arabes ?

LE CAPITAINE.

Nous sommes Berbers.

IRBAS.

Mais, toute ligue a besoin d'un chef. Abdélaziz mort, il faut un homme pour lui succéder. Avez-vous un chef ?

TOUS.

Oui.

IRBAS.

Qui est ce chef?

LE CAPITAINE.

Toi-même, Irbas.

IRBAS.

Moi, le lieutenant d'Abdélaziz, lever la main contre lui !

LE CAPITAINE.

Alors tu n'es pas Berber.

IRBAS

Je suis Berber, et n'ai point oublié Thareck, et la récompense dont ces Arabes ont payé ses services. Croyez-vous que, moi aussi, je ne m'indigne pas, en voyant, ceux qui se vantent de nous avoir apporté l'Islam, le trahir, après Lorca, et aujourd'hui même ? Mais tout seul, que puis-je faire ?

LE CAPITAINE.

Marche à notre tête; nous t'aiderons.

IRBAS.

Si je me dévoue pour votre salut, vous m'obéirez ?

TOUS.

Nous t'obéirons.

IRBAS.

Pouvez-vous compter sur vos hommes ?

TOUS.

Nous en répondons.

IRBAS.

Eh bien, je cède. Ecoutez donc ce qu'il faut faire. Vous demeurerez immobiles et en silence, jusqu'au moment où Abdélaziz ira apostasier au pied de l'autel des Chrétiens. Alors, je tire mon sabre. Remarquez bien ce signal. Vous tirez les vôtres, et, pendant que je demeure à la tête des troupes, pour les maintenir, vous entrez dans le temple, vous fondez sur le traître, et l'immolez, lui et sa chrétienne. Le Pontife aussi doit périr. Vous saisissez le Goth Théodmir, et me l'amenez, sans lui faire de mal. Devant les Arabes, stépufaits de ce coup de foudre, je lis le plan que je porte ici (*montrant son sein*), d'après lequel Abdélaziz et Théodmir se sont liés l'un à l'autre. Abdélaziz devait lever l'étendard de la révolte contre le Khalife, et Théodmir, l'appuyer de toutes les forces des Chrétiens.

LE CAPITAINE.

Les traîtres ! nous ne le permettrons pas.

IRBAS.

Je reproche à Théodmir son crime. On l'immole sur place. Je proclame, immédiatement après, la guerre sainte, et nous nous mettons en marche. Les Arabes une fois désabusés, il faudra bien qu'ils m'obéissent et nous suivent. Cela vous convient-il ?

TOUS.

Tout-à-fait.

IRBAS.

Silence donc, et attention. Vous jurez tous d'exécuter mes ordres, de point en point ?

TOUS.

Nous le jurons.

IRBAS.

Par la tête de Mahomet ?

LE CAPITAINE.

Par la tête de Mahomet.

IRBAS.

Par la gloire de Thareck et l'honneur du nom Berber ?

TOUS.

Oui.

IRBAS.

Et, si quelqu'un vient à manquer à son serment ?

TOUS.

A mort.

IRBAS.

Maintenant, retournez à vos taïfas (compagnies). Attendez. Il est un Santon, arrivé ici depuis peu, et que vous avez pu voir.

TOUS.

Oui.

IRBAS.

C'est le confident et le complice d'Abdélaziz. Il lui a apporté une lettre d'un Mollah perfide, qui encourage sa trahison. Si le Santon est aperçu à la cérémonie, il faut qu'il suive le sort de son maître. Qu'il soit égorgé, sans qu'on lui permette un seul mot d'explication. Je n'ai plus rien à vous dire. (*Les capitaines retournent à leurs compagnies. Les troupes Arabes arrivent, même entrée que les Berbers. Voir le tableau pour leur position en scène.*) A présent, je touche au but. Je suis chef, et, puisque le Khalife persiste à garder le silence, ce ne sera pas la première fois que l'armée aura passé outre et pris une initiative qu'il sera bien forcé de ratifier. Santon ! Tu verras si j'ai bien pris mes mesures. Tu le verras à tes dépens.

SCÈNE IX.

IRBAS, ABDÉLAZIZ, BERBERS, ARABES, le PONTIFE, THÉODMIR, un SOLDAT, PEUPLE CHRÉTIEN.

(Abdélaziz sort du palais suivi des officiers de son état-major. Le Pontife et Théodmir sortent du temple. Le peuple entre de droite au-dessus et au-dessous du temple et se place au premier plan de droite, derrière le Pontife et Théodmir *.)

LE PONTIFE *(à Abdélaziz.)*

Seigneur, tout est prêt pour l'heureuse union qui doit rapprocher votre peuple et le nôtre, et inaugurer, nous l'espérons, une ère de paix parmi nous. Nous n'attendons plus que la Reine.

ABDÉLAZIZ.

Avec quelle impatience je l'attends aussi. Elle n'avait demandé qu'une heure. Ce temps est plus qu'écoulé. Qu'est-ce donc qui peut la retenir ?

THÉODMIR.

Seigneur, je vais au-devant d'elle.

* TABLEAU.

	Berbers	Arabes	
	....	....	
Fanfare			Peuple
...			....
			......
	Abdélaziz		Pontife
	.		.
Irbas			Théodmir
.			.

ABDÉLAZIZ.

Non, attendons encore.

LE SANTON.

(Il arrive du deuxième plan, droite, suivi de deux muets portant une bière qui renferme le corps d'Egilone, et est recouverte d'un drap mortuaire. Les muets déposent la bière et se tiennent debout, en arrière, le lacet à la main. * *Tout cela est caché à Abdélaziz, par la foule des chrétiens, le Santon, vient entre Abdélaziz et le Pontife. Voir le tableau n° 2.)* Sans moi, tu attendrais longtemps. Tu demandes ta fiancée ; je te l'amène. La voilà. (*La foule des chrétiens s'ouvre. Le Santon arrache le drap mortuaire. Les chrétiens lèvent les mains au ciel, et témoignent leur douleur par leur attitude. Quelques-uns se montrent le corps d'Egilone.)*

ABDÉLAZIZ.

(Après un moment de silence.) Que dit-il ? Je ne comprends pas. (*Il s'approche de la bière. Le Santon prend le n° 2. Il recule, et se rapproche de nouveau. Puis, se mettant à genoux, à côté de la bière.)* O ciel ! Egilone ! Egilone ! M'entends-tu ? Elle ne répond pas. Non, ce n'est pas elle. Egilone ! Egilone ! Morte ! Ah ! Ah ! Ah ! ma chère Egilone. *(Il se cache le visage dans les mains. Après un moment de silence, se relevant.)* Monstre ! Qu'as-tu fait ?

LE SANTON.

Mon devoir.

---

* Il conviendrait, je crois, pour l'effet de la scène, que ces muets fussent deux noirs.

ABDÉLAZIZ.

Scélérat ! ni sa faiblesse, ni sa beauté, ni cette fleur d'innocence !..... Soldats, vengez-la, vengez-moi. Qu'on le saisisse. (*Quelques officiers font un mouvement vers le Santon.*)

LE SANTON.

Soldats, et toi, Abdélaziz, courbez vos fronts dans la poussière. (*Il déroule un parchemin où pend le sceau du Khalife.*) Voici le sceau de l'Ombre de Dieu, du Maître du sang. Qu'ici tout tremble, et obéisse à l'envoyé du Khalife. (*La troupe se prosterne. Les chrétiens et Abdélaziz demeurent la tête haute.*)

ABDÉLAZIZ.

Le Khalife n'a pas commandé cet abominable assassinat.

LE SANTON.

Voilà ses muets.

ABDÉLAZIZ.

Eh bien, périsse le Khalife ! Je l'ai servi, et il m'égorge, le barbare. Encore, s'il n'avait pris que ma vie ! O malheureuse Egilone ! Malheureux Abdélaziz ! Périsse ce maître cruel et sanguinaire, et avec lui, ses ministres et ses bourreaux ! Qu'ils périssent tous, rongés par les remords ! Ah ! c'est à une faible femme, à une femme sans défense qu'ils font la guerre, les lâches ! Eh bien, ce sang innocent retombera sur leurs têtes. Leur empire aussi doit crouler, puisqu'il a pour chefs de tels monstres.

LE SANTON.

Cesse de blasphémer, et rends-moi ton sabre.

Le Khalife te l'avait donné ; je te le redemande en son nom.

ABDÉLAZIZ.

Le voilà. (*Il jette son sabre Tirant son poignard*). Ceci est à moi.

LE SANTON.

Tu peux vivre, et l'espoir de te relever ne t'es pas interdit.

ABDÉLAZIZ.

Il parle d'espérance, le misérable ! Il voudrait que je vive ! (*Se penchant sur le corps d'Egilone*). Egilone ! Egilone ! O ma fiancée, ma bien aimée, mon épouse ! Je t'appartiens. Je te suis. Rien ne pourra plus nous séparer. (*Il se frappe de son poignard, et tombe. Se relevant, sur le coude.*) Je maudis le Khalife, je te maudis ! (*Il retombe*).

LE SANTON.

Rage impuissante ! Mahomet triomphe. Qu'on emporte ces deux époux, et, puisqu'ils ont voulu être l'un à l'autre, qu'ils soient unis dans la mort. (*Les muets emportent les corps d'Egilone et d'Abdélaziz par le deuxième plan, droite, le peuple chrétien les suit.*) Musulmans, louez Dieu. L'Islam est délivré des piéges de l'infidèle. Egilone n'est plus, et son amant s'est puni lui-même, plus cruellement que ne le voulait le Khalife. C'est un homme de moins. Mais vous avez, ici même, des chefs dignes de le remplacer.

IRBAS.

(*A part.*) Ceci te regarde, Irbas. Il est juste, ce Santon. (*Haut*). Quoi, Seigneur, le Khalife daignerait?..... Croyez à mon zèle, à mon obéissance...

LE SANTON.

Tais-toi. (*A la troupe*). Musulmans, Abdélaziz est mort, victime d'une folle passion, qui créait un grave danger à la religion et à l'Etat. S'il s'est rendu coupable d'imprudence, il était brave, et ne fut jamais un traître. Une sépulture honorable lui sera donnée : elle est due à ses services. N'en parlons plus. C'était écrit. Pour celui-ci, (*frappant sur l'épaule d'Irbas, qui recule*) c'est un lâche ; un perfide, qui calomniait celui dont il se disait l'ami. C'est un ambitieux de bas étage, sans talents et sans cœur. Voyez-le ; il se trouble et tremble, car il sait ce qu'il a mérité. Irbas, au nom du Khalife, je te dégrade. Qu'on le désarme. (*Un officier s'approche d'Irbas, et lui ôte son sabre*). Quant à sa vie, qu'il la garde. (*A Irbas*). Je te l'ai dit, Irbas, il est des traîtres qui ne méritent que le mépris. Tout-à-l'heure, quand j'aurai terminé ce que j'ai à vous dire, qu'il soit honteusement chassé de notre sein, par le plus jeune de la troupe. (*Murmures*). Soldats, que signifient ces murmures ? Qu'un de vous parle ; je l'ordonne. (*Désignant du doigt un soldat*). Toi, approche. Que veut-on ?

LE SOLDAT.

(*Respectueusement*). Envoyé du Khalife, Abdélaziz est mort, et tu renvoies Irbas. Où est le chef qui nous conduira à l'ennemi ? Tu nous disais qu'il est ici. (*Il se retire.*)

LE SANTON.

Hommes de peu de foi, craignez-vous que Mahomet ne laisse son armée manquer de chefs? Doutez-vous, qu'au besoin, il n'envoyât, sur l'aile des vents, son ami Gabriel, pour vous commander en personne. Voyons. Est-il ici quelque vétéran de nos guerres de Perse? Qu'il sorte des rangs. (*Un vétéran se présente, il appartient au corps des Arabes*). Tu as servi en Perse?

LE VÉTÉRAN.

Oui, Seigneur.

LE SANTON.

Etais-tu au passage de l'Euphrate?

LE VÉTÉRAN.

J'y étais.

LE SANTON.

Qui commandait l'armée?

LE VÉTÉRAN.

Alahor.

LE SANTON.

Qui passa le fleuve, le premier?

LE VÉTÉRAN.

Alahor.

LE SANTON.

Qui le suivait?

LE VÉTÉRAN.

Un escadron de cavaliers de l'Yémen.

LE SANTON.

Et tu étais de ce nombre, brave Cragut.

LE VÉTÉRAN.

Seigneur, vous me connaissez ?

LE SANTON.

Laisse-moi achever. Une flèche t'avait atteint à l'épaule.(*Touchant l'épaule du soldat.*) Ici. Un cavalier ennemi te détacha un coup de sabre, qui fendit ton turban, et te fit une blessure dont tu garderas la marque, toute ta vie. (*Montrant le front du soldat.*) La voici. Il allait redoubler, quand un homme lui abattit le poignet. Qui était cet homme ?

LE VÉTÉRAN.

Alahor.

LE SANTON.

Reconnaîtrais-tu Alahor ?

LE VÉTÉRAN.

Si je reconnaîtrais mon général et mon sauveur !

LE SANTON.

Eh bien, dis-moi maintenant, où crois-tu que soit Alahor ? (*Il jette sa robe et le capuchon qui lui couvrait en partie le visage. Il apparaît avec le costume militaire, le sabre au côté.*)

LE VÉTÉRAN.

Alahor ! (*Il se prosterne, et on entend, dans les rangs de la troupe, circuler le mot: Alahor ! Alahor !*)

ALAHOR.

(*A Irbas.*) A présent, Irbas, tu me connais,

et tu peux dire si tu as mon estime. Les deux plus jeunes de la troupe, avancez. Qu'on le chasse. (*Deux soldats emmènent Irbas. Au Vétéran.*) Relève-toi, païen : un Musulman ne doit se prosterner que devant Dieu et le Khalife. (*Il lui tend la main.*) Rentre dans le rang.

LE VÉTÉRAN.

(*Il se relève et rentre dans le rang.*) Vive Alahor !

LA TROUPE.

Vive Alahor !

ALAHOR.

Enfants, silence. Qu'importe qu'un soldat vive ou meure ? Le seul homme dont le nom doit être acclamé est le Khalife. Vive le Khalife !

LA TROUPE.

Vive le Khalife !

ALAHOR.

Soldat nous perdons trop de temps. A l'instant je vous mène à l'ennemi. Nous marchons contre les Francs. (*A un officier.*) Wali, allez dire à la cavalerie de prendre immédiatement les devants, et de se diriger sur Tolède. Je suis avec l'infanterie. Dans moins d'une heure, je me trouve à l'avant-garde. Soldats de Mahomet, en avant ! (*La troupe défile devant Alahor, par compagnies, au son d'une musique militaire. Chaque compagnie, en passant devant le général pousse les cris de Allah ! Allah ! Vive le Khalife ! Le défilé commence par les Arabes, les Berbers après eux. Alahor est au milieu du théâtre, le Pontife et Théodmir sur l'avant-scène à droite. Quand le défilé est terminé, s'adressant au Pontife.*) Chrétiens, résignez-vous à l'obéissance, et ne cherchez plus à ressaisir par la ruse ce que vous n'avez pas su défendre. Que nul ne bouge en mon absence. Mon lieutenant m'instruira de votre conduite, et, à mon retour, je vous traiterai en conséquence. Je vais voir si vos frères, au-delà des monts, sont plus braves que vous.

LE PONTIFE.

Insensé, que l'orgueil aveugle, va, cours à ta perte. Les Francs t'attendent derrière les Pyrénées. Toi ou les tiens, tôt ou tard, vous devez tomber sous leurs coups ; et, dans nos montagnes, un gland jeté par la tempête a produit un jeune chêne, dont les rameaux ombrageront, un jour, toute l'Espagne.

ALAHOR.

Vieillard, je méprise tes vagues et obscures prophéties. (*Elevant son sabre.*) Voici un oracle de meilleur aloi, et qui n'a jamais menti. (*Sort suivi des officiers d'état-major.*)

THÉODMIR.

Songe au lacet d'Egilone, à la malédiction d'Abdélaziz. (*Le rideau baisse.*)

TABLEAU N° 1.

(*Les Berbers ayant fanfare en tête (elle ne joue pas) entrent par le fond gauche, par peloton de huit hommes sur deux rangs ayant un capitaine à chaque peloton. Arrivés au milieu ils font par le flanc droit et descendent en ligne jusqu'aux escaliers du palais, où les pelotons se forment en colonne serrée, faisant face au public; un peloton porte le drapeau Turc. Cette même marche sera exécutée pour l'entrée des troupes arabes; elles formeront leur colonne du côté droit, devant le temple, sans empêcher l'entrée.)*

    Pelotons Capitaines Arabes

Fanfare

         Irbas

TABLEAU N° 2.

     Berbers   Arabes

           Muets
      Le Santon
           Bière
Fanfare Etat-major   Peuple
               chrétien
    Abdélaziz   Le Pontife
Irbas   Théodmir

NOTE DE L'AUTEUR.

Etranger à ce qu'on appelle la mise en scène, je m'étais borné à un petit nombre d'indications, qui m'ont paru nécessaires pour l'intelligence de mon Drame. Les personnes chargées de cette opération ont ajouté à ce que j'avais marqué, l'ont modifié, et ont jugé convenable de consigner leur travail sur mon manuscrit. C'est pourquoi je l'ai laissé subsister ; mais, sans m'élever en aucune sorte contre l'arrangement qui a été adopté, je tiens à présenter les observations suivantes :

Au troisième acte, j'avais placé au fond du théâtre, le Temple, dont les portes sont fermées. A la fin de la scène vii, après que l'officier de service s'est retiré, les Berbers arrivent et vont se ranger en bataille devant le Temple, se séparant de côté et d'autre, de manière à en démasquer la porte. A la fin de la scène viii, après que les capitaines Berbers sont retournés à leurs compagnies, les Arabes arrivent et se rangent en bataille dans le même ordre que les Berbers, et devant eux. Au commencement de la scène ix, les portes du Temple s'ouvrent, et l'on aperçoit l'autel, couvert de cierges allumés.

Dans la même scène ix, j'avais indiqué que le Santon, après ces mots : « *Où crois-tu que soit Alahor ?* » jette sa robe, et ôte le capuchon qui lui couvrait en partie le visage. Un serviteur lui met par derrière un turban sur la tête, et il apparaît avec le costume militaire et le sabre au côté. La vraisemblance me semblait exiger qu'Alahor ne pût être reconnu de prime abord par le vétéran Cragut. Il est vrai qu'alors le double mouvement indiqué devait être exécuté avec beaucoup de prestesse.

FIN.

Nimes. — Typ. SOUSTELLE, boulevard Saint-Antoine, 9.

www.ingramcontent.com/pod-product-compliance
Lightning Source LLC
LaVergne TN
LVHW020947090426
835512LV00009B/1741